4

정성주 도해 이현 김편하 백우미 이도현
이상직 우진 장은채 이진 이래도 구아연
김채은 설탕 윤주환 최이제 황유림 이가원
정주희 권나영 휘현 박다은 우현서 신지경
예빈 윤하임 양채윤 정시은 신민건 지구 김이요
이지수 김서애 김호수 무영 이선우 한송연
김성완 한송이 오성민 이은재 민혼 백상
화샘 백산하 한이주 김연우 단우 홍석현 -

도솔도미솔도미 레레 도도 시라라
솔시레솔시레시 라라 솔솔 파미미
도솔도미솔도미 레레 도도 시라라
솔시레파시레 도미솔도미솔
솔라솔파솔 미레도

2025년 9월

* Badarzewska-The Maiden's Prayer(소녀의 기도) 계이름. 학교 종 소리로 자주 쓰인다.

1

계절의 맹세 정성주　　　　　　　　　13

하우스 메이트 도해　　　　　　　　14

너의 창세기 이현　　　　　　　　　16

상춘常春 김편하　　　　　　　　　　19

파르페 백우미　　　　　　　　　　　20

탄생비화誕生悲話 이도현　　　　　　23

가을에게 진 여름은 봄을 이기고 온 것 이상직　　24

486BPM의 지구 우진　　　　　　　26

1392010.mp3 장은채　　　　　　　28

계절 번호 이진　　　　　　　　　　30

네온사인 내비게이터 이래도　　　　32

솔트 아나필락시스 키스 구아연　　　34

27 Club 김채은　　　　　　　　　　36

갈피 설탕　　　　　　　　　　　　38

실패 기도 윤주환　　　　　　　　　40

청춘, 바나나 최이제　　　　　　　　42

청춘 사용 설명서 황유림　　　　　　44

어리숙히 이가원 46
제습기의 마음 정주희 48
여름은 쨍한 풋사랑이 제철이겠지 권나영 50
종소리 휘현 52
3 박다은 54
City pop 우현서 57
청춘 과육 신지경 58

2

푸름과 무릎 예빈 61
연둣빛은 유리 밖에 윤하임 62
어항을 비우며 양채윤 64
작은 세상 정시은 66
Le monde de Bacchus 신민건 68
흐르는 봄 지구 70
엔딩크레딧 김이요 71

성사星瀉 이지수	72
러브레터 김서애	74
모르는 일 김호수	76
청춘 착란 무영	78
급체 이선우	80
뼈 한송연	82
매립지 김성완	84
의자의자 화이팅 한송이	87
Spathiphyllum 오성민	88
봄에 담근 청 이은재	90
식어가는 계절 민훈	92
아지트 백상	93
사계 화샘	94
빈칸에 들어갈 말로 알맞은 것은 백산하	95
안부 한이주	96
솜사탕을 발음하는 법: [ㅊㅓㅇㅊㅜㄴ] 김연우	97
검은 숲 단우	100

청춘의 날들은 홍석현   102

                                           103

○ 작가명은 작품 첫 장의 쪽 번호 옆에 표기하였습니다.

1

계절의 맹세

그런데 만약 어느 봄밤 네가 나를 사랑해서

손을 잡은 채 거리를 거닐고
각자의 꿈과 여름에 대해 논하고
너로 인해 주저하던 모든 곁가지에 불을 지른 다음
비가 쏟아지길 기도하다
기어코 서로의 우산이 되어줄 수 있다면

너의 청춘이 얼마나 고달팠으며
동시에 얼마나 찬란했으며
어떠한 빛과 그림자를 지녔는지
천문학자의 자세로 관찰할 수 있고

또 지나온 것들에 미련을 두지 말기로 우리는 이제 우리로 살자 떨어져 있어도 멀어져 있지 않은 난민으로 살다가 여름이 다 녹아 멸망할 때 여름이 기어이 여름의 온도를 이기지 못해 녹아갈 때 그때

가을이 되어 다시 만나자
그리고는 다가오는 겨울에 같이 살거나 죽자고 맹세하자

하우스 메이트

늘 너였고 여전히 너였어야만 했다 우리가 나눠 피우던 담배는 녹슨 청춘의 맛 흩뿌려진 담배 연기를 삼키며 서로의 파랑을 쓰다듬었다 술김에 깨물던 손등과 내 립스틱이 묻은 너의 어깨는 나보다 반 뼘이나 좁았고 내가 기대기엔 네가 부서질 것 같았지 난 네 앞에서만 무너지는 법을 세로로 익혔다 닿아버리면 너까지 시들어버릴 것 같았으니까 우리의 추락 아래엔 손을 포개어 있지도 않는 신에게 보내는 저주나 구원 따위의 희망을 걸고 낙하하는 영혼을 삼켜내며 같이 실버타운에 꼭 가자고 약속했지 우리는 결혼하지 않을 거고 고독사 하기도 싫으니 손을 잡고 하얗게 센 머리카락을 흘리며 실버타운으로 가자고

이제야 하는 말이지만 우리 손가락을 걸지 말아야 했어 나의 유난히 동그란 잇자국이 더 이상 네 몸 어디에도 남아있지 않잖아 우리 연락은 어쩐지 사무적인 태도가 되었고 서로가 애틋하고 안쓰러워 흘리던 눈물은 이제 없어 나는 여전히 네가 그리워 네가 없는 내 마음은 영구치도 없이 유치가 빠진 잇몸 나는 질긴 그리움을 찢어발기고 삼켜 봤지만 자꾸만 잇몸 사이로 숨는 그리움은 나를 아무것도 할 수 없게 해 너는 내가 그리워? 가끔 주고받는 연락이 지독히도 습하다

지금은 행복을 뱉을 수 있게 되었니 나를 떠나 불행 따위 가져본 적 없는 듯 살아 지겹게

너의 창세기

안녕, 너에게 이 생을 묶어둔 기억으로 사는 나야
네게 보내는 자음과 모음의 조합에는
획마다 내 것인지 네 것인지 모를 숨이 매번 뚝뚝 묻어나

너도 알잖아
처음의 생은 이미 끝났다는 걸
나는 살아 있는데도
네 이름을 부른 횟수만큼
또다시 죽고 또다시 태어났지
몇 번이고 불러버린 덕에
그 목이 졸려와서

역동 대신 고요만 남은 내 안엔
어느 날부터 네 존재가
단어 하나를 대신했고
그 단어에 생동성을 싣는 순간
무언가 발을 딛고 일어서는 것 같았어
여기 살아 있다고
살아서 울면서 날뛰고 있다고

태어나 한 번도 보지 못한 것들을
잔뜩 늘어놓는 네 앞에서
문득 몸이 떨렸어
네가 눈앞에 있어도 너를 찾던 날처럼

확실히 '우리'라는 말은 어울리지 않아
그게 퍽 서글펐지만

대신 어떤 단어가 너와 가장 어울릴까
단어로 집을 짓듯
어떤 세계를 지어주면
네가 가장 편히 숨 쉴 수 있을까
어떤 세계에서 네가 가장 다정할까
되뇌다가

입에 머금으면
선단이 저려오고
목구멍이 아릿하게 떨려
덜 익은 과일을 바라보는 기분일까
젖은 셔츠 끝을 움켜쥐는 느낌일까

하지 말아야 할 짓을 탐색하는 것처럼
안아서는 안 될 것을 품는 것처럼
지난 숨이 매여 있던 그 자리에도 네가
영원히 묶어두고 싶은 그 시절에도 너는

안녕, 제 발로 찾아가는 곳이 너였잖아
나는 너처럼 되고 싶었어
나 너의 마지막 신이 되고 싶었어

상춘常春

당신과 하는 날씨 이야기는 길어야 1분을 못 갔습니다
상승기류와 북회귀선까지 겨우 10분

유리로 된 숲이 있다고 했던가요
책갈피를 꽂아놓을 수 있는 숲이 있다고 했던가요

폭우에 겁먹지 않아야 합니다

장마가 지나야 물병자리를 볼 수 있습니다

빛을 쐬고 난 뒤면
숲에 대해 떠들다가 또
날씨 얘기로 흘러가고는 했습니다

파르페

너는 파르페
     파르페
나의 찬란한 고집불통
무너지는 맛이 제법 명랑하구나

우리는 아주 진창이어도 좋을 거야
이 작은 유리컵 안에서

화해를 모르는 풋사랑은
바닐라 아이스크림을 뒤집어썼네

내가 어릴 적 걸었던 길에서
체리 맛 발자국을 첨벙거렸지

순하고 무해한 발로 말이야

땀에 젖은 보드라운 이마 위로
작고 촌스러운 우산을 치켜들고
자신의 무늬를 찾는 여정은 혹독했지

우리는 자전거를 두고 내달리는 사람이더라

왜 너는 찬연한 슬픔 같을까
슬픈 것들은 뭐든지 각별해서 좋아

오래전 너는 나를 찾아왔고
우리의 영혼은 영영 죽지 않을 것 같아서
최후를 믿지 않기로 했지

주저앉아도 끝나지 않는 진부한 미래를
이해할 수 있을까?

선명해지는 지문과
깊숙해지는 한 겹의 손깍지

오래 묵은 한때가 아니야
너는 나의 ing

유리컵 바닥에 고인 시럽이 찰랑이네
살랑이네
꿈이,
꿈이 나를
조금씩 삼키네

지나간 상처를 더는 견디지 않기 때문에
이유 없이 눈물이 흐르고
분별없이 부서지는 몸을 바라보지

망가질 대로 망가진 우리는
이미 근사하게 자라고 있었어

그래, 우리는 아주 진창이어도 좋을 거야

다 가진 것처럼 보여도 다 가지지 않은
가진 것 없어도 모든 것을 잃을

파르페, 나의 찬란한 고집불통

탄생비화誕生悲話

음악 위로 계절이 입혀지면
문장 위로 날씨가 입혀지면
책이 이야기가 되면
꼭 잊히지가 않아서

청춘이 네 이름을 두르니
두 글자 명사가 하나의 시절되어
온 마음을 누비고 세상을 넘실거렸다

전하지 못한 말이 편지가 되고
편지가 다시 시가 될 때까지
계절로 수십 번
날씨로 수백 번

너는 모든 게 영원할 것 같던 시절
탄생한 시절詩節
그 속의
은유로
음율로
봄마다 날마다 함께했다

가을에게 진 여름은 봄을 이기고 온 것

배롱나무가 붉은 이유를 아니
그럼 배롱나무가 여름에만 붉은 이유를 아니
꽃이 지고 잎이 떨어져도
가지가 있다는 걸 아니
넌 배롱나무가 좋다면서 그건 안 봐

배롱나무가 백일홍인 줄 알았다며
꽃이 지지 않는 것이 좋았다며
꽃은 진다는 걸 아니
딱 백일도 붉지 않을 때가 있다는 걸 아니

그 여름, 헤어질 때 들었던 말이 있다
너가 싫어
아니 정확히는 싫어 '졌어'
싫어 '졌다'라는 건
도리나 의리를 저버렸다는 것일까
내가 너한테 졌다는 것일까
중요한 건 그 안에는
전엔 좋았었다는 게 담겨 있다는 것

나 그 일 '안 좋아해'
보다 '안 좋아졌어'라고 말하기로 했다
그럼, 그 전엔 좋았다는 게 되니까
그게 내가 가장 좋아하는 일이어야 하는데
그걸로 밥 벌어먹어야 하는데
하는 마음을 기꺼이 접어 둘 수 있으니까
여름에 피는 배롱나무도
가을이 되면 그저 나무일 뿐이니까

노을이 진다
그건 다른 어떤 건 이겼다는 뜻일 것이고
물 위로 깔리는 반짝임
그 밑은 어두울지
윤슬이 가장 밝듯
비례하듯
가장 어두울지

내 청춘도 그럴지
에 대해

486BPM의 지구

　당신은 어물쩍 날이 뜨거워져 있는 게 아마도 다 지구 온난화 때문일 거라고 습관처럼 말했다
　하지만 나만이 아는 이 세상의 비밀이 있다면
　그건 이 지구의 중심에는 금속 물질 따위로 된 핵이 있는 게 아니고
　실은 당신의 음성에 귀 기울일 때 천만 배 더 빠르게 뛰는 나의 심장이 있다는 것
　그래서 세상이 여름을 맞고 청춘들을 구워삶는 것은 전부 사랑으로 뛰는 나의 심장 때문이라는 것

　함께 걸을 때 지구 중심에서부터 쿵쿵 울려오는 심장 소리를 덮으려고
　지면을 꾹꾹 눌러 밟는
　내 모습을 당신은 자주 모르는 척했다

　따가운 해 아래로 바보같이 달리는 일에 기꺼이 어울려 주겠다고 말해준다면
　나는 당신의 눈앞에 실재하는 환상이 되어줄게

　나는 실은 단 한 번도 말하지 않았고 그래서 당신도 대답하지 않았다

우리 사이에선 오직 내 심장만 시끄러웠다 매미보다 빠르게 울던

쿵
쿵
쿵

뜨거운 여름 아지랑이처럼 내 몸은
자주 휘청거렸고 당신은 자꾸 내 시야에 들었다 사실 환상은 당신이 아니었을까
단 한 번 손을 잡아주지를 않는

꽃의 이름을 유난히 많이 외운 여름
나는 지구로부터 울려오는 심장 소리로부터 애써 동떨어지려고
이불을 머리끝까지 뒤집어쓰고 땀에 절어가며 푹푹 찐 혼자 끙끙 앓은 소금 맛 밤들을 도틀어
청춘이라고 일기에 썼다가
왜 청춘은 봄 춘 자를 쓰는지 알아맞히는 혼자만의 놀이에 골몰했다

1392010.mp3

아주 비가 오면
나보다는 덜 사랑해질 너를 위해

지워진 주파수는 여기에 놓고 가자
내일이라는 건 자주 너를 움직이게 하잖아
혹 눈을 돌리면 내가 있고
품에는 한아름 이상이 가득하거든

잊히는 꿈결 아래
다시 내가 너를 안을 때

우리는 오키나와의 해변으로
갈라지는 모래틈에는 마티니 블루의 우산을 꽂아 두고서
처음부터 이 다음의 음성 따위 없었다는 듯이

말하자면 나는 타지 않는 족적을 발명하고 싶어

드문거린 잇자국도 맹세가 될 수 있을까
꼭 반지의 모양새를 띨 것만 같아서 그래

네 감은 눈동자가 우주를 굴러 나를 그린다면
비로소 우리가 완전해지는 날이 찾아오겠지

그러니까 언젠가
너의 시가 나를 딛고 행성이 될 때
그때 네게 영원의 유의어가 신이라는 걸 알려 줄게

만년 동안 사랑한단 말
장난처럼 한 건 아니야[1]

---

1) hathaw9y - 1392010 中

계절 번호

K. 나는 이제 번호를 바꿀 거야

핸드폰을 사러 갈 때마다 K의 얼굴을 떠올리는 것도 하지 않을 거야

하얗고 조그마한 슬라이드폰
절멸의 증거 같던 기계와 함께 흘러내리던 밤,
지우지 못하고 숨겨둔 추억 몇 장이 마침내 썩어버린 것 같아

우리가 몇 번 계절에서 헤어졌더라
인사를 제대로 끝맺지 못했던 것도 알아
결말이 없는 부재가 나를 어떤 지옥으로 처박았는지 굳이 설명하진 않을게
헤어진 기억 없이 헤집어진 비밀을 전부 바다에 흩뿌려 놨던 것 또한
끝내 건네받지 못한 약속과 삼켜서 먹어버릴래

축하해 주려나

상실된 비밀 사이에서 들려오던 당신의 벨소리
그 노래를 애써 모른 척하던 열다섯의 나를 매달고
나는 곧, 그대가 누린 모든 계절을 앞질러 떠나는 나이가 된다

부재중을 껴안고 중얼거리던 나
너무 닳아버린 자판 위 숫자
기다리던 연락의 소멸과 유기된 약속 사이에서 이젠 공백이 축복임을 알지만
손바닥 위,
지독히도 붉게 남은 손톱자국을 기억하면서도 나는 아무것도 잡지 못한 손을 여전히 꽉 쥔 채 펴지 않고 있으니

실체 없이 부서진 이름 모를 계절들이 지금까지 내 전화를 붙들고 있었던 건 뭐라 해명해야 할까

K, 소생하지 못한 우리의 마지막 계절 이름을 알아?
알고 있다면 번호를 알려줘

나는 그 계절에 우리의 청춘을 묻어버리고 다신 오지 않을게

네온사인 내비게이터

안녕 메이비 네 꿈들이 나를 채우는 밤 낡은 잠에 빠질 때에도 반짝이고 질척이는 청춘의 이 역사驛舍가 멀지 않기를 바라

오늘 낮에 네 눈동자 속에 맡겨 두었던 무모함을 찾으러 가는 길 속눈썹 하나만 뽑아 주면 안 돼? 손에 꼭 쥐고 있으면 돌아오는 방법을 잃어버리지 않을 것 같은데

갈비뼈 안쪽에 탁란했던 마음들이 느려진 심장을 간질일 때마다 네 발등에 열감을 옮기는 죄악을 몇 번이고 범할 거야 믿을 수 없는 영원이란 말을 밤새도록 속삭여 볼 거야

방 한구석에서 점점이 몸집을 불리는 곰팡이 봄비 내리는 창문 너머로 입마개 한 사람들을 산책시키는 낯선 개들과 익숙한 침입자와 푸른 밤 넘실거리는 로데오 거리 르네상스처럼 불행한 애인아 우리는 왜 밤마다 두려워질까

까만 손가락들을 커튼처럼 드리운 네 귓가에 메이비 안녕 우린 꼭 안녕할 거야 덜컹거리고 흔들려도 꼭 종점까지 갈 거야 그렇지?

젖은 속눈썹이 무거워 들어 올리는 게 늦어져도
약속할게 끝까지 도망가지 않을게

솔트 아나필락시스 키스

너는 여름을 싫어했지 땀이 찐득하다고 혀를 섞으면 염분의 맛이 나서

소금 알러지가 있는 네게는 여름이 네 마지막 세기였겠지 그런 이유로 우리가 멀리할 수 있는 건 아니잖아

바람을 느껴 느끼며 달려 아이스크림을 물면 체온이 떨어지지 수액을 맞지 않아도 열사병에 걸리지 않을 수 있었고 정맥으로 투여된 사랑은 마음의 일사병을 불러왔다

우리를 연결하는 유의어를 찾기 시작했다 계절 태양 세상 지구 볼펜 슬러쉬 무엇을 뜻하는지 알고 있기나 해?

우리의 청춘을 연결하는 유의어

태양이 빛나는 계절 그 계절 세상 가운데에서 만났고 제7의 행성을 찾아 지구를 떠나기로 말도 안 되는 언약을 했지 볼펜 하나로 언약서를 작성한 다음 손을 잡고 문방구에서 슬러쉬를 먹으며 돌아갔어

그날의 너만큼은 생생해

태양이 녹아 멸망해도 행성을 못 찾고 지구에서 죽음을 죽게 되어도 볼펜은 총이 되어 심장에 꽂혀도 슬러쉬의 액체가 혈액을 대체하게 될지언정

그날의 너만큼은 기억할 거야

그러니 여름을 싫어해도 청춘을 혐오해도 너를 떠올리며 여름을 좋아하고 청춘을 사랑할 거야 추억을 위하여 소금이 들어있는 넥타를 마신 뒤 키스할 거야

너의 마지막 청춘을 품으며 살아갈 테니 그곳에서는 너도 청춘을 네 세상의 종말로 생각하지 말아 줘

나는 너와의 추억을 회상하며 다음의 청춘을 기약하게 되었으니

27 Club[1]

푸른 눈을 가진 제인과 나
펜스가 있는 잔디밭에서 오랜 대화를 나눴지

들어가지 마시오

우리는 행동하는 보호주의자
고개를 처박고 풀꽃반지를 만들다가도
배가 고프면 복숭아뼈를 갉아 먹었다

그늘진 곳에서 손가락을 나누고 더하는
혀끝엔 너바나의 피크
제인은 에이미의 노래를 부르고

*네가 더 이상 아름답지 않게 되어도 나는
너를 우상이라 부르며*

불멸 같은 것에서 옅은 박하 향이 나

모든 것이 떠내려가는데 스프링클러
끄는 방법을 모르겠어 잠시만
호스 중간을 밟기로 해

발을 모아
비슷한 모습은
생장점을 소멸한 여름

펜스를 넘어 제인은 학교로
나는 집으로 돌아오는 길

정오에 한 손차양
기억나지 않는 일들을 잃어버리지 않도록
엇박으로 흘러내리는 살갗

제인, 온 세상이 초록빛으로 치닫고 있어

---

1) 27세에 요절한 아티스트들을 묶어서 부르는 이름.

갈피

이상한 모양으로 찌그러진 캔이
굴러다니는 소리로만 가득 차 있던
우리의 허무맹랑한 시절에게

어지럼증이 밤을 농락하던 계절
나는 가장 아끼는 것에 이름을 붙이고
등이 젖어갈 때쯤 시의 막바지를 읽었다

고이 접어둔 페이지 모서리에
언젠가 사라져 버릴 추억을 걸어 두고
작별의 두려움에 덜덜 떨던 순간에도
반대로 말하자면 그게 나의 사랑이란 걸 알았어

그야 우리는 날개 없이 태어났지만
걷는 법을 아는 사람들이고
영원을 손에 쥐지는 못했지만
모르고 지나친 아름다움을 껴안으면
눅진한 기억이 하나, 두울

꿉꿉한 장마가 흘러내리면
녹은 아이스크림을 주워 담고

풋풋한 더위에 이는 갈증은
맞잡은 손 새로 배어 나온 땀방울에
셋, 넷

힘껏 아름답지 못할지언정
돌아서 보면 어떤 이름이라도 붙여질 테니

망설이지 않을 수는 없겠지만
결국 뛰어들기를 택했을 청춘 속에서

지독히도 아꼈던 나의 계절을
아득히도 먼 미래까지 날려 보내고 싶어라

실패 기도

어제보다
한번 더 넘어질 수 있도록
눈부신 바람과 지도 없는 덫을
선물할게

봄이 지나기 전
사라지지 않을
푸른 빛이 새어 나오도록
날이 새는지도 모르고
기꺼이 부서진 파편이
하늘에 새긴 빈틈

아무리 덧대도
두꺼워지지 않는 시간이 있어
처음 찍는 장면들로만
규칙 없이 이어 붙여도
결국 말이 되는 이야기

어쩌면
멀리서도
금세 알아볼 수 있을 거야

비 내리는 천장을
바다로 여기고
산책하는 걸음마다
밑줄을 긋던

우리

날마다 옷을 바꿔 입는
낯선 마음을 마주쳐도
가깝게 잘 지내

사랑일지도 모르니

오늘을
자주 적어두었으면 좋겠어
앞으로
멀어질 일만 남았으니까

청춘, 바나나

풋내 나는 껍질 아래
부단히 익어가는 우리가 있었다
자신의 피부가 단단한 줄로만 여겨
주고받는 상처가 얼마큼인지 모르고
손끝에 닿는 걸로도 금세 멍이 드는 걸 모른 채
우리는 덜 익은 이름으로 서로를 불렀다

소중히 여긴다는 건 으레 그런 일이다
껴안을수록 맞닿은 곳은 짓무르기 마련이라
어깨를 맞댄 정도로도 체온을 나눌 수 있음을
우리에겐 조그만 틈이 필요하고
그 틈에 숨을 불어넣는 것만으로 충분함을 아는 것
그럴수록 우리는 영글고
계획 없는 오늘을 짙은 단내로 덮을 수 있다

떠나가는 일도 으레 생기는 법이다
감정의 최고조 뒤에는 불안이 따라다닌다
우리의 멍든 상처가 데칼코마니처럼 벌어지면
이걸로 서로를 찾자는 씁쓸한 농담을 뱉으며
우리는 서로를 놓아주어야만 완성되는 존재임을

여린 살갗의 맹세를, 하얗게 웃어 보이며
찢기는 이별임을 예감한다

사랑해,
사랑해,
우리의 청춘, 우리의 한때
우리의 내일이 없어도
피부에 새겨진 말을 따라 부르며 살아갈 거야
유별난 고백의 문장, 너의 상처를 사랑한다는

청춘 사용 설명서

【성분】
소다 맛 스파클링 20%
수업 시간 내내 만든 지우개 똥 10%
넘기려다 걸린 쪽지 20%
선생님 성대모사 하기 30%
친구랑 나란히 손 들고 서 있기 20%

【불량반응】
가끔 이런 현상이 나타나실 수 있습니다
시도 때도 없이 웃음 나기
갑작스레 내린 비가 모스부호처럼 들리기
마음이 붕 떠 하늘을 날아다니기
…
시도 때도 없이 눈물 나기
갑작스레 친 번개에 세상에 혼자 남겨지기
발 딛고 서 있던 땅이 꺼져버리기

【유통기한】
흰색이 머리 전체를 다 덮을 때까지
비밀 일기에 써 놓았던 10번째 꿈이 이루어질 때까지

【주의 사항】
  너무 뜨거워 데일 수도 있습니다. 하지만 돌아보면 아름답고 빛 날 것입니다. 그러니 마음껏 아파하고 기뻐하고 설레보고 울어보아요. 가장 뜨겁고 미숙했던 그 시간이 어쩌면 인생에서 가장 선명한 낙인으로 찍힐지도 모릅니다.

어리숙히

여름 사이 가을, 등굣길 나무 그늘 아래

매일 같이 포도 맛 사탕을 물며
네가 묻던 거잖아

우리 함께 청춘의 계절을 살고 있지만
아직도 청춘이 뭔지
나는 잘 모르겠어

너는?

나 그 찰나를 잊지 못해 매일 너를 그려

네 향기에 묻힌 포도 향
퍼지는 바람 소리 사이 섞인 새소리와

잦아진 산책의 빈도
멍든 발끝에 새겨진 너의 이름 사이

작은 점

언젠가 손 뻗어 닿을 수 없는
깨진 기억 조각들의 집합체를 영원히 그리워하며

너의 물음엔 내가 모르는 것투성이라

아무 대답 못 해서 미안해

제습기의 마음

팔월 초순이 생일인 네가
지구인 듯 동공 속에 담겨 있는 여름을 깜빡일 때

치사량을 넘은 듯 풀썩거리는 심장 끝에서
싱그러운 향기가 피어오르고

이내 달아날까
흐릿해지는 잔향을 들숨 끝으로 잡아둔 채

사라질 걸 알면서도
영원을 함부로 고하는 장마를 머금은

제습기의 마음을 이해하는 시간을 가진다

장마는 여름의 이름이기도 하고
내 안에서 길게 붙은 계절의 냄새이기도 하면서

기막히게 따분한 금요일 오후

사라졌지만 어째서 영영 남아 있는
박스 안 구겨진 교복의 눅눅함을 맡으면

언제든 그때, 그 때 지난 청춘의 해 질 녘으로
서걱이는 3교시의 설익은 꿈속으로

여름은 쨍한 풋사랑이 제철이겠지

여름의 사랑은 따끔따끔
노오랗고 쨍한 햇살의 맛
곧은 목에 어색한 듯 맨 붉은 넥타이
교복 셔츠 위에 수 놓인 노란 세 글자

여름 창틈으로 매미는 눈치 없이 재재대고
때늦은 아카시아의 달콤함이 교정에 울려 퍼질 때
나른한 공기에 사뿐히 숨어든 크림색 파동
풋내 스민 열일곱에 처음 맞이한 무더위

온 여름을 시리도록 쨍하게 물들인 범인
내뱉으면 닳을까 끙끙 앓다가도 머금으면
곧바로 녹아내릴 듯해서 결국엔
조심스레 툭 꺼내버린
설익은 유월의 연초록빛 풋 여름

서로 같은 자음의 초성을 말한다는 게 우리의 업일지도
모르는데, 어찌 그리 천진하게도 웃었어? 너는 이미 입속
에서 여러 번 외어 본 말을 선언하듯이 결연하게 이 공간
은 사랑하기에 좋다고, 한없이 느즈러진 걸음으로 다가와
내 등허리에 몇 자 적었지

하필이면 네가 왜 여름날의 가장 아름다운 사람이어서
우리의 지나친 응답들을 곱씹게 만드는지

너는 기억하는지, 창밖은 바야흐로 명백한 사랑의 계절
그래, 처음 맞는 네 계절을 장악해 버린
보폭이 좁은 내 문장을 채근해 달아난
너는 성숙한 몽상가

종소리

땡 치면
바로 나가 담장을 넘던 일
경비 아저씨랑 눈이 마주쳐도
한 번만 눈 감아 달라며
눈빛을 주고받고
땡 치면
돌아가야지, 얼른 뛰던 일
돌아가는 길 가는 길보다 긴 것 같고
왠지 울퉁불퉁하고 굽이친 길에
가끔씩은 넘어져서
다시는 일어나지 못할 거 같아 하늘만 바라보는 일

땡 치면
네 손 잡을게
네 손 잡고 다시 뛸래
넘어져도 같이 넘어지자, 다시는 못 일어날 거 같아도
그럼 같이 뒹굴자, 비 오는 날에도 맑은 날에도
땡 치면
아 맞다, 돌아가야지
네 손 꼭 쥐고 돌아가야지

땡 치면
자리에 앉아 뒷자리에 있는 널 보며
바보처럼 웃고
흙먼지 가득히 무슨 일을 벌인 거야? 꾸중을 들어도
우리 재밌었잖아
우리 너무 즐거웠지
아파도 우리 같이였잖아
무릎에 난 생채기들에 웃는 일

3

영혼도 붕어빵처럼
세 개씩 묶어 팔았으면 좋겠어

죽고 나면
우리의 영혼을 함께 팔 수 있잖아

그러면 우리는
다시 신의 장바구니에 들어가
환생을 준비할 수 있는 걸까

내가 영의 언니가 될 수도
영은 연의 여동생이 될 수도
연은 나의 딸이 될 수도 있는 걸까

자취방 거실에 둘러앉아
서로 미래의 아이 이름을 지어주던 저녁

있지
난 그때부터 3이라는 숫자가 좋았어

철이 든 삼 학년
유난히 짧은 세 번째 계절
꿈에 자꾸만 나타나던 물고기 세 마리

오래전 엄마는
냇가에서 물고기를 잡는 꿈을 꾸었다고 했다

알록달록 예쁜 물고기가 정말 많았어
근데 다 잡지는 못했어
손가락 틈으로 자꾸만 삐져나왔어

그리고 내가 태어났다

어린 내가 외로울까 봐
물고기는 늘 세 마리씩 그리는 버릇이 있고
옆에서 바다를 색칠해 주며 너희는 웃었지

생일 축하해
정말 태어나길 잘했어

다 식은 붕어빵처럼
서로를 껴안고 웃던

함께라면 다시 인간으로 태어나도 좋을 것 같던
그 시절의 삼총사

City pop

방 한구석 새어드는 빛 한 점 없지만
머리맡에서 전파를 타고 날아 들어오는
사소한

목소리를 낮춰 있지도 않은 사랑에 관해 속삭이다가
나는 또 웃음을 참지 못하고
다시 시시콜콜한 화제에 귀를 기울이는데
눈은 왜 뜨게 되는 건지 잘 모르겠다고

정작 눈꺼풀을 내려 보면
소리를 죽여댄 탓인지
황당한 진심만이 사정없이 튀어 오른다

그렇지
잠 다 깼잖아 원망하다가도
근황 나누기엔 역시 새벽만 한 게 없어서

청춘 과육

걸음은 느렸고 노을은 선주황빛
숨겨야 할 것들이 비닐 너머로 비쳤지만
우리는 입을 다물었지
덜 무른 과육과 한 줌의 여름을 들고

편재한 계절 과일
오천 원에 한 다라이
이게 더 많아
길쭉한 게 더 달아

단맛은 필연적으로 상미 기한을 거느린다
우리는 무르지도 않고

2

푸름과 무릎

보란 듯 넘어졌어
명백히 잘못은 아니지만

꿰뚫고 들어오는 너의 빛
알고 있었구나, 푸르리라는 걸

선연히 홀로
푸름이 무릎 아래로 흐른다

빛의 궤도를 그려보면
너 또한 주저앉았다는 걸 알 수 있지
보란 듯이

손을 마주 잡고

하나
둘
셋

죄가 아니기에
일어날 수 있던 날들

연둣빛은 유리 밖에

나의 작은 방
유리로 빚은 수족관 같아요

투명한 벽을 더듬을 때면
닿을 곳 없이 흔들리는 해파리를 떠올려요

가만히 있어도 물결은 얕게 떨리고
두려워도 통과해야 하는 표면이 있고
아파도 삼켜야 할 숨이 있죠

창밖은 연둣빛으로 들썩인다는데요
봄의 한가운데라는데
낮은 천장 아래엔 기침 소리뿐이네요

어떤 새벽엔 울음조차 사치 같아
베개 밑 그늘에 젖은 휴지를 숨기고
얼음물 한 모금으로 목을 적셔요

청춘은 뒤돌아볼 때야 환해지는 풍경일까요
지금 내가 떠 있는 자리엔 아름다움이 숨 쉴 틈이 없나요

나는 아직 못 해본 게 많아서, 엄마가 준 반찬이 남아서,
읽다 만 책이 있어서, 고양이 밥을 줘야 해서
그리고 끝을 보지 못한 계절이 있어서

아직 나는 가라앉지 못해요

물속에서 몸을 기대는 법을
천천히 다시 익혀가며

어항을 비우며

빛나고 소중한 순간에 갇히지 않고 살아가는 방법이 존재할까
존재한다면 그건 우리를 부정하는 것으로 생각해 외면해 왔어

이젠 저장의 이유도, 같이 나눴던 이야기도, 그 이야기의 대상도 기억나지 않는
지우면 그저 내 존재도 세상에서 휘발될까 두려워 억지로 메모리칩에 욱여넣던 것들

이젠 그들의 이름도, 얼굴도,
어제의 행적지와 목적도,
어제부터 반복해 들은 음악도,
방금 찍은 웃긴 사진 속 피사체도,
최근에 본 영화도 알지 못하지만

그럼에도 나는 그들이 사랑했던
이름 모를 물고기,
이 나간 구슬 알,
모두 밟혀 으스러진 오디,

유치한 장난감,
매일 들려주던 무명의 인디 밴드

내게 붙여줬던 별명들
그들이 빌어준 나의 안위
이들을 기억해

작은 세상

비눗방울에 소금을 뿌려 터뜨리는 일
다 된 에그 스크램블에 해동되지 않은 냉동 파를 뿌리고
몇 날 며칠 밤을 지새워 그린 나의 얼굴을 지워버린다

내가 말하는 감정은 이런 것이다
아무리 지워도 지워지지 않고
커튼 뒤로 빛을 모아 감쪽같이 숨기는 것

모인 빛이 한순간에 뿜어져 나오는 일
무지개가 향하는 곳을 돌고 돌아 나는 결국 제자리에 도착하고

영원히 닿지 않을
오래된 퀴퀴한 묶음들을 주머니에 넣는다
언제든지 꺼내볼 수 있게 가장 바깥쪽 주머니에 넣는다

우리는 모두 연결되어 있다는 사실을
어떤 어른도 알려주지 않았다

비눗방울 후후―
퐁하고 떠오르는 나의 작은 세상

나는 소금을 바다에 부어 버린다
바다는 더 이상 울지 않아도 된다

이 시는 어느 등굣길 초등학생 신발주머니에 흘러 들어
간다

Le monde de Bacchus

삶이 지쳐 내게로 와
풀썩 품으로 쓰러져도
밤과 꽃과 술이 있다면
이곳은 몽드, 몽드!

밤의 한 면을 한 움큼 베어 물고 삼켜
연한 배꼽 주름 사이로 가느다란 밤의 뿌리가 내리면
지구의 중력을 거스르고
달의 중력에 힘을 실어
뿌리로부터 줄기를 타고 흰제비꽃이 피어나면
경계도 없이 한계도 없이 장막을 펼쳐가는
몽드, 몽드!

푸르뎅뎅한 밤의 맛
지구를 거스른 달의 맛
새하얀 순수의 맛
달콤하고도 아릿한 맛

건네는 말과 숨과 손길과 몸짓이
모두 한 줄기 술처럼 흐를 테니
몽드, 몽드!

삶이 지쳐 네게로 가
풀썩 품으로 쓰러져도
밤과 꽃과 술만 있다면

흐르는 봄

견디기 위해 살아왔던가
푸르게 멍든 손 가만히 쥐어본다

주먹 안에는 주먹만큼의 온기

펼쳐낸 손바닥으로 땅 짚으면
겨우내 박힌 얼음조각들
들풀 사이에서 녹아 반짝 흐른다

몸 안팎의 온도가 같아질 무렵
땅이 목 축일 물은 마르고

혀 길게 뺀 개 옆에 누우면
열띤 이마 위로 봄비 쏟아진다

당해낼 재간 없어 맞고 있노라면
젖은 이마 위로 엎어지는
엄마 손 같은 햇살

바닥에 묻은 햇살 가루 핥아내는 개
마음에 묵은 먼지 훔쳐내는 나

엔딩크레딧

장면들은 내게 굳이 다정할 필요가 없다
사람들은 이제 비명조차 지르지 않는다

물은 조금씩 어두워진다 나는 홀로 알고 있다 홀로 알고 있다는 것을 알게 된다 차오르는 게 아니라 가라앉는다
바람은 내가 손가락 끝에 묻힌 침으로 모인다
바람으로만 이루어진 세계가 탄생한다

내가 가라앉고 있는 이곳 역시 누군가의 손가락 끝에서 만들어졌을지도 모를 일이다 세계가 무너지기 시작하면 손가락 끝에서 태어난 다른 세계로 이사한다
변명이라도 하듯, 먹구름에 액자를 건다

액자는 서서히 움직인다

성사星瀉

통신 오류
연결 지연
걸을 방법을 알지만 걷지 않는 신발

또

더하기
쌓아 올리기
조망할 수 없지만 조망해 보는 스페이스

여기에 집을 세우고 창문을 내자
손에 쥔 것 하나 없지만
음각만을 만지러 바다를 거닐자
지금은 감각할 손도 없지만

네 개의 선을 그어
연결되지 않음
세 개의 선을 이어
십오 도씩 돌림
???

온도가 말을 건다
생각에 잠식되어 멈칫거릴 즘
저 멀리에서 창을 두드리며

그런 게 이유라네
이름도 읽기 어려운 낯선
콧바람으로 흥얼거린 음은
문득 괜히 잡아보는 손은
반짝거림을 쫓다가 남은

여전히 태양은 눈이 부시고
달에서 보는 하늘은 쏟아지고
풍경 관광은 저 고르기 나름

쏟아질 준비
내일은 검은 숲을 거닐다
문을 만들고 들어가
이십칠 일정도 굴릴 것

속 뜨거운 생각들을 애써 사위며

러브레터

우리 집에는 유리알 우박이 왔고
엄마 집에는 눈 닮은 벚꽃이 폈고
할미 집은 불에 타서 사라졌다

할미 집 평상에 누워 아끼며 먹던 새빠알간 사과
사과씨를 평상 틈에 몰래 끼워뒀는데
나무는 자라지 않고 영영
열매 대신 손금만 깊어졌다

겨우내 쌓인 눈 위의 발자국은 금세 지워졌지만 출렁대던 깃발은 하늘로 떠밀려 다시는 돌아오지 않았다 먼 나라로부터 날아온 먼지는 더 이상 날지 않고 광장 한복판에 눌러앉았다

첫사랑은 졸업앨범에서나 죽는 줄 알았는데
왜 차에 치여 죽나

그 길목의 벚꽃나무는 반만 피어있다
절반은 앙상한 가시뿐

봄은 죽었다
얼어 죽었나 불타 죽었나
아니면 못다 핀 러브레터를 쓰다 죽었나

모르는 일

자주 가던 카페가 사주 카페로 바뀌었다
어쩌다 신을 받게 되셨나요
그 물음에
살다 보면 그런 건 정말 별거 아니랍니다

지하철에서 크게 불경을 트는 사람이 미웠다
잘 살고 싶다는 마음으로
저렇게 살아도 되는 것일까

지나가는 비행기를 자주 찍는다는 이유로
애인과 헤어졌다
그러면 안 되잖아
떠나려는 마음을 안고 사는 건 안 되는 거잖아

터미널 역 구걸하는 노숙자 옆
네잎클로버를 파는 무인 좌판에 사람들이 모여든다
행운을 팔아요
인간으로 사는 일은 때때로 징그럽다

모르는 일이 너무 많아서
나도 모르게 착실하게 무엇을 배반하며 살고 있다는 생각

영문도 모른 채 살아서
영문도 모른 채 죽을 수도 없다

모르는 게 약이라 많은 걸 삼키고 살았더니 입안이 쓰다
살맛 난다는 그 맛 무슨 맛인지 영영 모르겠다

어떻게 할까
나는 정말 하나도 모르는 일이다

청춘 착란

너는 여름의 어항 속에 산다
수중은 대체로 한 계절이지만
투과되는 빛은 한 움큼이므로 여름을 안다

너는 겪어 본 적 없는 여름 속에 산다
잠시 수면 위로 올라왔을 때
미처 스미지 못하고 남은 물방울을
너는 땀인 줄 안다

그러나 어항 속 물은 염분까지 모방하진 못하고

너는 싱거운 눈물을 흘린다
눈물은 대체로 위에서 아래로 떨어지지만
너의 눈물은 피부로 스며든다

아마 그게 너를 평생
다시는 울 수 없게 만들 것이다

너는 땀을 닦고 눈물을 마셨겠지만
수차례 반복하고 모방하겠지만

오히려 그게 너의 지느러미를 더 키우게 되고
너를 더 무미한 어항 속으로 가라앉게 만들 것이다

너는 한 계절뿐인 어항 속에서
모조된 투과광의 더위를 느끼는 척하며

너는 지금 여름의 어항 속에 산다

급체

얇은 날이 있었다
닿지 않아도 닿는 것처럼
움직이지 않아도 움직이던

이름 없는 시작들이
무언가를 향해 기울고
새벽은 한낮처럼 말이 많았다

빛은 방향 없이 흩어지고
음은 무언갈 피하다 멈췄으며
숨은 자주 접혔다

무엇을 향해 가는지도 모른 채
말보다 앞선 것들을
삼키고 또 삼키다가

무게만 남았다
이름 없는 뜨거움이
한 곳에서 멈춰 있었다

지나갔는지 머물러 있는지
분간할 수 없는 계절이
지금도 어디엔가 있다

뼈

오늘 아침 환생을 시도하다 날개뼈가 부러졌다 착하게 살지 않아서 무언가 돌을 걱정이 없다

도망친 카운트다운을 그리워하는 것만이 우리의 일

돌아오지 않는다 알면서 보내주는 것들이 많아진다 눈물이 뺨 위로 도로를 만들어도 집까지 가는 길은 여전히 휘청했다 멀다

너무 멀다

번지 점프 같은 청춘은 우리와 무관해서 슬프다

늘 그랬던 것처럼 더미 속에서 훌쩍인다 복구, 승인, 반복 재생 — 저녁 식사 — 길다, 매우 긴 시간 동안 밥을 먹는데 계속 배가 고프다

그래도 삶은 대체로 기근이다 후원 단체가 나를 외면했기 때문에 꾸역꾸역 나이를 먹었다
도무지 적당함이란 걸 모르는 사람이 됐다 부끄럽다

부러진 뼈는 한참을 부러진다
병원을 가도 '신경성입니다' 한다

   나는 몸 위로 옷더미가 쌓이는 꿈을 꾼다 부위가 덧난다 날개가 비틀린다

   몹시 개운하다

매립지

구덩이를 뒤집으면 무덤이 된다
이 동네에 무덤이 몇 개인지는 당최 셀 수가 없죠
부동산 중개인 K씨는 이어서 말한다
하지만 이 물건은 다른 무덤들과는 싹수가 다릅니다
지하철역 5분 거리에 대기업에 공무원에 의사에 판사까지
여기 살던 시체들은 다 땅 위로 손을 내밀어
훌륭한 좀비로 재탄생했다죠
아시잖아요 이곳에선 얼마나 빨리 좀비가 되는지가 중요하단 거
이 무덤 들어오겠다는 시체들이 줄을 서면
대한민국 전체가 시체 썩은 내로 뒤덮일 겁니다
지금 계약하지 않으면 좀비 되기는 물 건너가는 거예요

시체 K씨는 말한다
죽느냐 좀비가 되느냐 그것이 문제로다
좀비가 되기 위한 문제집과 인터넷 강의
좀비가 되는 법을 알려주는 학원들
사람이 되려는 꿈은
배고파서 접은 지 오래이니

좀비가 되기 위해
죽을 준비해라 반드시 식은 걸로
그래야 금방 먹고 시간을 아끼니까

자살예방센터 직원 K씨는 말한다

산업안전보호법에 따라 상담원에 대한 보호조치가 시행되고 있습니다
폭언, 욕설, 성희롱 시 관련 법령에 따라 처벌받을 수 있습니다
상담원을 연결해 드리겠습니다
잠시만 기다려주세요

(신호 대기음)

K씨는 말한다
그걸로 계약할게요

(사인)

묘지기 K씨는 흐르는 땀을
훔치고는 말을 잇는다
무덤을 뒤집으면 다시 구덩이
그렇게 또 매장되는 거죠, 그는

흙이 덮인다

의자의자 화이팅

미술 입시 학원 새벽반. 나는 사실 의자가 아닐까. 눈에 불을 켠 채 열정을 태우는 의지 가득한 교실 속 찍힌 오점. 흙탕물이 된 물통 속 오래된 자세로 굳어버린 붓은 꺽꺽거리는 슬픔처럼 제 기능을 하지 못한다. 뚝뚝 떨어지는 탁한 연두빛. 왜 나는 손대는 것마다 눈물 나게 하는지. 녹색 게시판에 작품이 붙는다. 잎사귀처럼 싱그러운 그림들 아래 내가 구긴 도화지들이 에어컨 바람에 바스락거린다. 푸름을 서서히 좀먹는 갈색처럼 결국 초록에 탈락한 낙엽처럼. 집에 가는 길 파란 종량제 봉투 너머로 내 그림이 비친다. 그래도 나 여름 속에 있긴 했어 얼굴 시퍼레질 정도로. 낡은 의자에 앉아 두 눈 크게 뜨며 찾아보는, 죽은 것들이 사는 별.

Spathiphyllum

나는 놓여 있다

창 없는 벽
좁은 구석자리
형광등 아래
그곳에서 잎을 늘인다

향할수록 구부러지는 허리
자라는 것과 기우는 것 사이
빛이라 불리는 것으로
갈증의 각도를 벌린다

나를 닦는 손들이 곱다
달라붙은 다정한 이름 아래
이유 없는 숨이
이토록 무거웠던가

목을 축일수록 글썽거린 탓에
쪼그라든 꽃망울
내가 되는 유일한 방식은
뭘 하든 똑바르지 못한 것

당신의 기도 뒤에 온 욕설과
초록에 숨긴 먼지를 삼키며
잘려나간 정오의 기대로
하얀 천을 펼쳐 덮는다

사망선고였다

봄에 담근 청

동생은 커튼을 쳐 놓고 멍하니 TV를 본다
장면이 교차 될 때마다
동생의 얼굴은 푸른빛으로 깜빡이고
요리 프로그램에선 갖가지 재료로 청을 담근다

누구나 그렇듯
이르게 나무에서 떨어진 동생은
유리병에 들어가기로 한다

언니 나 조금만 숙성될게

깨끗이 씻은 유리병에
떫고 신 맛이 나는 동생을 넣고
설탕을 붓는다

동생이 담긴 유리병을
플라스틱 뚜껑으로 밀봉하고
바깥 공기보다 조금 더 차가운 냉장고에 넣는다

괜찮아
곧 달콤해질 거야

냉장고 LED 조명에 파랗게 물든 봄
너덜너덜해진 이름을 라벨에 적고
잠시 숙성될 동생을 기다리기로 한다

동생은 여전히 푸른빛이 돌고
눈꺼풀에 내려앉은 설탕이
동생의 눈을 부드럽게 훑는다

가만히 몸을 말고 들어간
동생의 어깨가 미세하게 떨린다

봄에 꾸는 꿈은
원래 조금 차다

식어가는 계절

 초록빛 바닥은 뜨겁기만 하고 마음 잠그는 법 모르는 이들이 있었다 의미를 따지기 시작하고 서로의 생애가 뒤섞이면 즐기는 자도 비웃는 자도 고뇌에 잠겨 무거워진다 너는 제 가지를 털어 새잎도 떨구고는 앞에서 뒤로 또 뒤에서 사선으로 말한다 허울 좋은 봄에 속았어

 완벽하게 불완전한 모양을 가졌을 때 풍기는 뒤틀림에 속이 쓰리고 구태여 온점을 찍을 이유를 찾는다 그 찰나에도 숨이 막힌 우리는 녹아버린 지느러미를 보지 못했다 넘쳐흐르는 하수를 따라 이리저리 피서를 가면서도 반짝임의 빈도를 셀 수 없었던 것은 물이끼 같은 마음이려나

아지트

깨끗하지 않아도 좋아
깨끗하지 않아서 더
우리가 여기 있다는 걸 알 수 없지
다른 사람들은 전혀 모르지
그들이 내던진 마음 조각들을
우리가 전부 모으고 있었다는 걸
하나도 잃어버리지 않고
깨진 채로 갖고 있었다는 걸
이곳은 눈도 비도 피해 가는 아지트
남의 화살이 닿지 않는 아무렴 피난처
전쟁이 있어서 피난을 가는 거라면
피난을 갈 때 전쟁은 일어나는 걸까
피하고 싶은 것을 피하는 마음이 왜 죄가 되는지
모르던 시절에 영원히 머물러 있는
우리들의 피난처는 전초기지가 되어
마구 맞고 있다 빗발치는 어른됨을
어른이라면 마땅히 참전인가요
피난처를 잃어야 자라는가요
답해 주는 이도 없이 나는 여기에

사계

우린 날개 없는 비행을 하다
어딘지 모를 길을 걷게 되겠지
그러다 발견할 무한한 신곡
그 미래를 기약하며 우린 살아가는 걸까
혀로 살며시 매만지던 노랫말은 먼지 조각 같은 비에도 젖어 들겠지만
변하지 않은 것은 지켜나간 것
요동치는 심장이 엔진이 된다면,
그 모든 순간에 오롯할 수 있다면

새로운 것들을 탐하는 시기는 정해져 있다고
누가 그랬던가
사라져 없어져 갈 내일은 침대에 고이 재우고
무릎이 으스러지도록 달려가는 우리는
여전히 아름다운데
추락이 두려워도 날아갈 수 있다면
우린 언제든

빈칸에 들어갈 말로 알맞은 것은

청춘을 찾기 위해 사전을 펼친다
흰 종이와 검은 글씨가 아닌
검은 우주와 흰색의 별들

낭만과 현실 사이 서커스는 위태롭지만 아름답습니다
어떤 날엔 누구라도 붙잡고 소리치고 싶은 마음
흔한 방황의 목적지, 모순의 미학

걸어가는 자는 볼 수 없는
지나간 자의 투명한 발자국
그럼 누가 볼 수 있나요
무한한 대답과 정답의 부재

구태여 찾을 필요 없는 것을 찾기 위해
사탕을 두고 도깨비에게 빌어본다

사랑과 눈물
우리와 세계
끝없는 의문

안부

추락 중
눈동자에 말간 계곡물 고였다
투명한 수박 붉은 송사리
발광하는 꿈같은 것들 일렁이고

큰물에 뛰어든 제철 성년
부표를 띄우고
여름을 새워
농이 진 상처를 핥는다

거듭된 낙하
멍이 몽고반점보다 진해진 순간
곱게 깎아 입에 넣어주고 싶어
명심하렴, 복숭아는 흠과가 더 달단다

장마가 지나면 이따금씩 수신인을 잃는 파도
어때요,
삶이 할퀴고 간 자리는
잘 아물고 있습니까

솜사탕을 발음하는 법: [ㅊㅓㅇㅊㅜㄴ]

민트색으로 질문하면 연분홍으로 대답하던 나날과
 입안에서 깔깔대며 서로 함께 마음껏 엉켜 녹아내리던
스무 살을
 정확하게 발음해 낼 수 있을까

 공기보다 가볍고 설탕보다 달콤했던 우리는
 초콜릿보다 부드럽고 아이스크림보다 온순하게
 녹아내렸는데

 꿈에서 깰 때마다 발음법을 잃어버리는 탓에
 끈적거리는 혓바닥을 길게 뽑아
 밤마다 기숙사 복도에서 줄넘기를 뛰곤 했다

 내일로 고꾸라질 때마다 영원처럼 중얼거리던 레시피

---

① 순간을 186℃에서 녹인다
② 원심력을 이용해 순간을 기억의 실타래로 뽑는다
③ 시간으로 식힌다

식을수록 푹신해지는 추억을 맛본
혓바닥은
끝나지 않을 이야기를 토해냈다

세계의 종말 같았던 서른 살의
단어들이 손에 손을 잡고 목을 조르면
메말라 버린 입속에서는 사막이 자라났다

사막은

일기 속 말라붙은 글자들이 모래알처럼 바스러지는 곳
추억이 텁텁하고 꺼칠해지는 곳
실종자들이 복화술사로 태어나는 곳

입을 벌리지 않고도
혀를 굴리지 않고도
말하는 법을 배워 보지만

우리의 청춘은 끝내 발음되지 못한 채

아무에게도
읽히지 않을 문장으로 남아

검은 숲

종류가 제각각인 나무들을 뒤섞어 심을 때에만 비로소 드러나는 짙은 초록이 있다 — 그들의 속삭임을 여직 나는 모르나,

빽빽한 숲의 그늘 드리운 어느 구석에 간신히 풀 한 줄기 돋으면 여지없이 햇빛이 비친다 제법 정확한 셈이다 다정하고 익숙한 그들의 방식이 —

독일에는 나뭇잎이 너무도 빼곡한 탓에 햇빛마저 가린다 하여 검은 숲으로 불리게 된 곳이 있다는데 막상 숲의 입구로 발 들여보면 나름의 치밀한 빛줄기가 스며든다던 말, 말, 을 곱씹는다 애틋하게 —

아프니까, 로 시작하는 단어보단 얼굴도 표정도 없을 그들의 목소리가 그리워지는 — 검은 숲 한복판을 지도 없이 표류하며

청춘, 청춘, 하고 노래처럼 되뇐다 그렇게 반짝이고 푸르더라는 나무들이 어쩐지 서글픈 장승의 얼굴로 지켜보는데 — 검은 숲을 나서야만 비로소 숲의 모습으로 기억되는 군집, 나무들,

나무들, 하나하나의 얼굴을 뿌옇게 잃어버리지 않고 오롯이 기억하는 것은 청춘의 특권 ― 나름의 역설적 희망을 품고서 얇은 빛줄기 빗줄기 맞으며 온전히 생장하는 일, 잎을 떨치는 일, 그리하여 두 발이든 날개든 번듯이 달고서 나고 자란 숲을 떠나가는 일 ―

숲은 ― 반드시 ― 돌아보아야만 숲이다, 숲 떠나는 곳, 완벽하게 깨어지는 온전한 햇빛 가득 삼켜도 숲 안에서보다는 조금 어두운 것만 같아

청춘의 날들은

새벽녘의 참회하는 애정
그리고 떨어지는 고드름 잡기
구석이 들뜬 천창을 바라보며
내일 틀릴 일기예보에 대해 생각하는 것
뻔한 삶을 피하려는 뻔한 짓과
군중 속의 내밀한 혼잣말
무대공포증을 잊고
스포트라이트 아래서 기타 솔로
실수는 몇 번까지 괜찮아?

파도시집선 021

청춘

초판 1쇄 발행 2025년 9월 23일 추분

지 은 이 | 정성주 외 48명
펴 낸 곳 | 파도
기획·편집 | 길보배
등록번호 | 제 2020-000013호
주   소 | 서울특별시 서대문구 증가로 17길 38
전자우편 | seeyoursea@naver.com
I S B N | 979-11-93627-06-8 (03810)

값 10,000원

ⓒ 파도, 2025. Printed in seoul, korea.

* 이 책의 판권은 지은이와 파도에게 있습니다. 양측의 서면 동의 없는 무단 전재 및 복제를 금합니다.
* 맞춤법과 띄어쓰기는 원본에서 기인하였습니다.
* 파도시집선 참여 작가들의 인세는 매년 기부됩니다.